Zöpfls Nachtkastlbuch

Helmut Zöpfl

Nachtkastlbuch

Illustrationen von
Sebastian Schrank

rosenheimer

Meiner lieben Mutter
Anny Zöpfl
zum 85. Geburtstag

Nix da

Es gibt eigentlich nix mehr,
über des wo in de letztn Jahr
net a bayrischs Gedicht
geschriebn worn is.
Genauer gesagt, sogar a ganz Büacherl.
Des hoaßt also, wenn ma heutzutag
bayrisch originell sei wui
und über was dichtn möcht,
über des wo no koaner was dicht hat,
na bleibt dir gar nix anders übrig,
wia daß d' über nix mehr schreibst.
Aber wenn se des rumspricht,
wern bald oa aa übers Nix so lang schreibn,
bis sogar 's Nix nix mehr hergibt.
Da konn ma halt nix macha.

Liebesbrief eines Ehemanns an seine verlassene Frau

Jetzt, da du weg bist, ist mir klar,
wie schön die Zeit mit dir doch war.
Zu jeder Stunde merke ich
Das alles bin ich ohne dich:
So wie ein Angler ohne Wurm,
wie Pisa ohne schiefen Turm.
So wie ein Weißbier ohne Schaum,
ein Wald, ganz ohne jeden Baum.
Wie eine Sparkass' ohne Geld,
ein Sheriff, dem der Colt grad fehlt,
ein Pianist ohne Klavier,
ohne den Halsbiß der Vampir,
so wie die Sennerin ohne Alm,
und ohne Ochsn, Küh' und Kalbn,
wie ohne Tiere ist ein Zoo,
ein Jodler ohne Holdrioh,
so wie ein Schweißhund ohne *w*,
so wie der Barsch ohne sein *B*,
so wie das Kängu – ohne ruh,
ein Kaka bin ich ohne du,
seit ich von dir ging, merk es ich:
so *ohne* bin ich ohne dich.
Nun fühle ich, du warst mein Glück,
komm bitte, bitte schnell zurück!
Ich ohne dich, hier seis erklärt,
bin nicht einmal die Hälfte wert.

Ps. Im übrigen möchte ich dir von Herzen dazu gratulieren, daß du, wie ich gerade gehört habe, 3 Millionen im Lotto gewonnen hast.

Verschiabn

Es gibt so Sachan oiwei wieder,
de zum Erledign san zwider.
Denkst an de, bist erledigt scho.
Und drum mei Rat, denk oiwei dro:
de günstigste Gelegenheit,
daß d'as verschiabst is glei, zur Zeit.

Gesundheitsszene

Schau s' dir o de Krankheits-Szene:
Depressive, Schizophrene,
alle möglichen Manien,
ganze Meter von Phobien.
Gspinnert, narrisch, leichte Wirre,
ganz Verrückte und ganz Irre
und so weiter und so zua:
Geisteskrankheitn gibts gnua.
Vui zvui, aber, wia i moan,
gsundn Hausverstand bloß oan.

Ogstecktwern

Wer ohuast, oniast,
verdriast
ganz ohne Zweife.
Pfui Teife.
Wer oam am End
a Grippe ohängt,
an Huastn, Katarrh,
bei dem is ganz klar,
daß, wenn er osteckt,
er irgendwo oeckt.
Wer aber lacht,
a freundlichs Gsicht macht,
guate Laune ausstrahlt,
wem's Lächeln leichtfallt,
steckt aa irgendwo
mit seiner Freud o.
Und des Ogstecktwern
habn fast alle Leut gern.
Drum denk öfters dro:
steck doch aa amol o!

Der Urknall

Wiast mi so liab oschaugst!
Wenn i mir also überleg:
Alles bloß Protonen, Neutronen, Quarks,
de wo se seit dem Urknall
zsammgfund'n ham aus Zufall,
na behaupt i,
daß se der Zufall
eigentlich ganz schee was hat eifalln laßn
beziehungsweis, daß der wo moant,
daß hinter dem Urknall net mehra steckt,
für mi an Knall hat.

Ohne Anfang und Ende

Wennst an Spiagl oschaugst
wost drin am Spiagl in am Spiagl siehgst,
na siehgst, wiase in dem
gspiagltn Spiagl a Spiagl spiaglt,
wo a Spiagl an Spiagl spiaglt,
in dem, wo a Spiagl im Spiagl is.

Astrologie

As Institut für empirische Psychologie
hat über Astrologie
fünf Jahr lang aktiv
und repräsentativ
mit vui Geld bedacht
Untersuchungen g'macht.
De Auswertung sogar
hat dauert siebn Jahr.
Aber seither, da is
erforscht jetzt, daß gwiß
als Partner zum Stier
daad paßn gar nia
a Löwe und koa
Fisch oder a Stoa-
Bock, Widder und Krebs,
koa Skorpion, bloß eps
paßt zum Stier dazua
als Partner: a Kuah.

Sprecherziehung

Erster Akt
Du du du du du
Da da da da da da
Gu gu gu gu gu
Schau hi, er spitzt scho sei Munderl,
als wia wenn er was sagen wollt!
Gu gu gu gu gu
A so a gscheits Kind.
Des redt bestimmt bald.

Zweiter Akt
Pssst pssst
A Ruah is jetzt mit dem Gschroa.
Mit dem Schreihals konn ma net oamal ungstört de Sendung ohörn.
Psst pssst

Dritter Akt
I woaß gar net, was mit dem Kind los is.
Drei Jahr is er jetzt scho alt.
Wenn des so weitergeht,
müaß ma no zu so am Dings,
an Sprachtherapeuten,
weil er no koa oanzigs Wort sagt
außer seim *pssst pssst*.

Vierter Akt
Der Bua redt ma no a Loch in Bauch.
Red net oiwei dazwischn, wenn se Erwachsene unterhaltn!

Mit vollem Mund spricht man nicht!
Ja, was is denn des, was da in deim Zeugnis steht:
»Stört ständig den Unterricht durch Schwätzen.«

Fünfter Akt
Da muaß i Eahna recht gebn,
aa wenn' s unser Sohn is, muaß ma sagn,
ma kaannt eahm stundnlang zuhörn bei seine Wahlredn.
Wia der de andern übern Mund fahrt, gell!
Ja, ja auf's Mäu is unser Bua gwiß net gfalln.
A bisserl stolz san mia natürlich, daß ma scho von früah o alls Mögliche do habn für sei sprachliche Entwicklung.

Abschied

Der Tag geht seinem Ende zu,
vermischt sich mit der Nacht
und atmet schon die Abendruh,
die uns zu Träumern macht.

Wir sitzen sinnend in der Rund',
das Lagerfeuer brennt,
bedenken das, an dem man sonst
am Tag vorbei oft rennt.

Damit es morgen werden kann,
muß jedes Heut vergehn.
So braucht von aller Anfang an
das Werden ein Vergehn.

Das Feuer kann nur brennen dann,
wenn es sich selbst verliert.
Das Korn muß aufgehn irgendwann,
damit's zur Ähre wird.

Die Funken steigen himmelan,
verwehn im Abendwind.
Nur der ist Freund, der geben kann.
Nur der, der gibt, gewinnt.

Ich fahre in ein fremdes Land,
von dem ich wenig weiß.
Zum Abschied reich ich dir die Hand.
Gehn ist des Kommens Preis.

Hab Dank für alles, wie es war.
Was kommt, ist unbekannt.
Doch ich vertrau, wohin ich fahr,
bin ich in Gottes Hand.

Auf a Straß...

Auf a Straß, auf a langa
sein Weg stur bloß ganga,
nach vorwärts grad gschaut,
net ausruahn se traut.
Rundumaduma
waar alles voll Bluma,
de Wiesn as Feld:
in Blüah waar de Welt.
Bloß Augn ghabt für d'Streck,
des Schöne nebn Weg
überhaupt net beacht,
se net gfreut und net glacht.
Bloß vorwärts aufs End
aufs Zui grad higrennt.
Oiwei langsamer worn
vom Renna nach vorn.
Z'End mit der Kraft,
aa as Zui nimmer gschafft.
Koa Zeit für was gnomma,
um de schönste Zeit komma,
bloß ghetzt, nia grast,
as Lebn verpaßt.

Trost

Wenn's oan Tag oamal rengt und rengt
und wenn ma dann mißmutig denkt:
Oa Regntag nach dem andern, mei,
as Lebn geht so schnell vorbei.
Wenn's eh so kurz is, kannt's net sein,
daß öfter doch die Sonna scheint?
Doch laß di ja net unterkriagn
und denk dro an a Eintagsfliagn.
Stell dir amal vor deine Jahr
und d'Fliagn, oa Tag, scho aus und gar.
Und wenn's dann no dumm hergeh mag,
dann rengt's sogar no an *dem* Tag.

Abstinenzler

Könnts ihr euch no erinnern
an de Gschicht vom Suppenkaspar
aus dem Struwwelpeter?
Obwohl eahm de Mama oiwei wieder gsagt hat:
Iß dei Suppn!
Er hat s' einfach net geßn.
Und was is eahm passiert?
Er wog am Ende noch ein Lot
und war am siebten Tage tot.
Heutzutag, wenn der Dr. Hoffmann
an Struwwelpeter schreibn daad,
na erzählat er wahrscheinlich a andere Gschicht.
Vielleicht de vom Pommes-frites-Torsten
oder Schoko-Riegel-Tobias.
Der hat nämlich in sich neighaut,
bis er am End oanahalb Zentner gwogn hat
und platzt is.
Ja, so is bei uns: Alle jammern vor sich hi.
Derwei is as wichtigste Problem
von de meisten von uns,
daß ma Übergewicht habn.
Ja ja, ma kennt s' ja de Sprüch:
De Dickn san gmüatlicher.
Aa wenn de Dickn weniger lang lebn,
eßn s' wenigstens länger wia de andern:

Liaber an Bauch, als wia gar nix Hervorragendes. Trotzdem machan jeds Jahr im Fruahjahr allerwei wieder Tausende bei de Abmagerungskuren mit, de wo manche Illustrierten starten. Aa wenn's ganz gwiß wißn, daß des erste, was ma verliert, bloß de guate Laune is, und der leichteste Tag davo der dritte is, weil ma da scho aufgebn hat.

Wer aber trotzdem a schlechts Gwißn hat,
wenn er sei Askese bloß für Käse halt,
der konn se als a Art Trost merkn:
A guater Asket muaß auf alls verzichtn kenna.
Sogar auf de Enthaltsamkeit.

Alles werd schwerer

Alles, hat der Protestsänger gsagt, werd immer schlimmer und schlimmer,
d'Probleme wern mehra,
alles werd schwerer,
d'Sorgen wern größer,
nix werd mehr besser.
D'Hoffnung werd wen'ger.
Schnallts Gürtel enger!
Und weils, wia's scho ghört,
alles schwerer werd,
konn ma mir net verwehrn,
aa z' schwerer wern.

Leben aus der Konserve

An Hund, und was für oan,
intelligent und stubenrein, versteht se:
de Lässie.
Koa Hundesteuer,
und des lästige Gassigeh spar i aa.
A nette Familie,
wo allerwei wieder alls guat geht:
De Wicherts, Drombuschs usw.
An Sport direkt ausm Stadion.
Fürn Sex de Liebesgrüße aus Tirol,
nebst genauer Anweisung
von der Frau Berger,
damit gwiß nix schiafgeh konn.
Für d'Gsundheit
a Kur in der Schwarzwaldklinik
oder, wenns brennt,
a Bsuach vom Landarzt.
Für de äußere Sicherheit sorgn
de besten Inspektoren und Kommissare,
Funkstreife, Isar 12 usw.
Wenns amal ums Geistige geht,
de bestn Pfarrer und de netteste Klosterfrau,
de wo ma se vorstelln konn.
Zwischendurch amal a Reise
aufm Traumschiff,
damit ma se wieder auf dahoam
bei der Heimatmelodie freun konn,
bei de Lustign Musikantn usw.
Sogar für jede Form von Unterhaltung is gsorgt,
lustige und gehaltvolle
bei ara Talkshow.

Schön bläd müaßat i sei,
wenn i da no selber ausm Haus gehat,
wenn doch scho der Fernseher für mi geht.
Wennst am Buidschirm überall *life* dabei bist
und andere für di lebn,
konnst dir de Anstrengung leicht ersparn,
daß d' di mitm eignen Lebn abdoa muaßt.

Mei Meinung

Was unsern Staat anbetrifft,
hat der Lehramtswärter gsagt
stimm i mit unserm Bundeskanzler überein,
was unser Land Bayern ogeht,
bin i ganz genau derselben Meinung
wia unser Ministerpräsident.
In Sachen Schulsystem
vertritt i genau de Ansicht von unserm Kultusminister.
Und was Lehrplan und Unterricht betrifft
weicht mei Meinung koan Deut von dera
von unserm Schulrat ab.
Da fallts dann gar net so ins Gwicht,
daß mei Meinung mit meine eigenen Ansichten öfter
net übereinstimmt.

So daad i sagn

A saubere Unsitte is des worn:
Fast jeder, der wo heut was sagt,
sagt: Ich *würde* sagen.
Und der wo sagn wui,
daß er was moant,
moant, daß er sagn muaß:
Ich *würde* meinen.
Waars net einfacher,
daß ma einfach sagt:
I sag, oder: i moan.
So daad i sagn,
moanat i jedenfalls.

Ansichtssachen

Weil unser Sohn, hat d'Brandlin gsagt,
von seiner Wohnung grad
vom Fenster aufs Gfängnis bloß
den oanzign Blick ghabt hat,
hat er, was d' Aussicht anbelangt,
enorm verbessert si.
Von seiner neuen Unterkunft siehgt er
jetzt auf sei Wohnung hi.

Pfüa Gott

I sag euch jetzt pfüa Gott für heut,
muaß schee langsam geh.
Vorüber geht die schönste Zeit,
denn d'Zeit bleibt nia net steh.

Ins Meer nei fließt a jeder Fluß,
jeds Blattl fallt vom Baum.
Doch hilft's nix,
wenn ma blickt bloß zruck,
ma muß nach vorwärts schaun.

Und san de Wolkn no so grau
und schaugts nach Regn aa aus,
der Himme is dahinter blau
und bald spitzt d'Sonna raus.

Wer suacht, der findt in allem drin
zu jeder Zeit und Stund
a bisserl Glück, a bisserl Sinn,
und d'Welt werd hell und bunt.

I sag euch jetzt pfüa Gott für heut,
bleibts gsund, laßts guat euch geh.
I gfreu mi jetzt scho auf de Zeit,
wenn i euch wiederseh.

Homo errectus – sapiens – podex

Also wenn i mir so überleg,
wia lang des dauert hat,
daß se der Mensch
zu dem entwickelt hat, was er jetzt is:
Vom Geh auf alle Viere
hin zu seim aufrechtn Gang.
Homo errectus hoaßt man deswegn,
und weil ma glernt habn,
daß ma an Kopf zum Denkn habn,
homo sapiens.
Wenn i aber jetzt lies,
daß der moderne Mensch
am Tag mehr wia 80% rumhockt:
am Bürosessel, vorm Computer
und vor allem vorm Fernseher,
nacha wern mir uns bald nimmer
homo errectus und *sapiens*
nenna derfa,
sondern *homo sedens* und *homo podex*.
Wenn i mir also des mit der Sitzerei überleg,
nacha werd ma klar,
daß ma uns da bald amal was ausdenka müaßn.
Also hock ma uns auf unsern Hintern
und brüat ma was dagegn aus
in a mordslanga Sitzung.

errectus
sapiens
podex

Erholungstag

Wecker – schnell zum Frühstück eine,
denn des gibt's ja bloß bis neune.
Ab zum Pool, zur Frühgymnastik,
für den Tag gibt des Elastik.
Dann in' Pool an Hupferer do,
glei drauf geht ja 's Boccia o.
Im Turnier der dritte worn,
dann mei Tennis-Match verlorn.
Kurz ins Mare, nei ins Gwasch
und glei rüber dann zum Squash.
Des macht Durst, an kloaner Drink,
und dann kriag i scho an Wink,
daß mei Wasserski beginnt.
Mei, wia bloß de Zeit verrinnt,
wia de Zeit so schnell vergeht.
Fast komm i scho wieder z'spät
zum Sirtakikurs um vier.
Leid's dazwischen no a Bier,
eh i auf de Dart-Scheibn zui?
Und dann kimmt ja 's Bingospui.
Da werd net vui Zeit mehr bleibn
für das Urlaubskartnschreibn.
Duschen, Umziagn, dann glei scho
fangt as Abendessn o.
Aa dafür is net vui Zeit,
denn im Anschluß dro is heut
ja das große Tanzturnier,
wo ma gübt habn doch dafür.
Endlich dann stoamüad ins Bett.
Vui Zeit bleibt fürn Schlaf ja net.

Aa de nächstn Tag san voll,
wo i des alls macha soll,
daß i intensiv und breit
aufbrauch meine freie Zeit.
Ja, im Urlaub bin i spitz,
daß i mei Erholung nütz.
Nirgends is der Mensch mehr plagt
als wia auf Erholungsjagd.

Gott sei Dank

Zerst habn de Wissenschaftler no behauptet,
daß unser Sonnensystem
in vierahalb Milliardn Jahr untergeh werd.
Jetzt habn neuere Forschungen aber ergeben,
daß das erst in fünf Milliardn Jahr der Fall sei werd.
Gott sei Dank,
i hab mi nämlich scho gärgert,
daß se de teuren Frischzellenspritzen,
wo i mir gebn hab lassn,
sonst gar nimmer so recht rentiert hättn.

Paradox

A Winterblüah im Sommerschnee,
a Taucher drobn auf Bergeshöh,
a Haus ohne a Erdgeschoß,
a Pferderennats ohne Roß,
a Sennerin am Meeresgrund,
a Abendrot zur Morgenstund,
a Tauf, da wo der Täufling fehlt,
a Bank, a Sparkass'ohne Geld,
a Buach, in dem nix drinsteht,
a Bsuach, der wo net kimmt, net geht.
a tiefer Berg, a hohes Loch,
ohne Wochenend a Woch.
a Sonnenöl fürn Eskimo,
a Bruin, wo ma net durchschaugn ko,
a Seiltänzer mit Schwindlgfui,
a Sonnwendfeier im Aprui,
a Bergwacht drobn für Westerland,
a Tapezierer ohne Wand,
ohne oan Feiertag a Jahr,
a Kamm für jemand ohne Haar,
a Tierpark ohne Viecher drin,
a Tombola ohne an Gwinn,
a Hochzeitsnacht ohne a Braut,
a Iglu in d'Sahara baut,
a Fuaßballstadion ohne Tor,
a Stubnmusi mitm Fischerchor,
a Karawane durchn Sand
mit Schischuah und mit Lodngwand,
a Dame ohne Unterleib,
de wo an Blinddarmreizung leid't,

a Eisschrank für d'Leut am Pol,
a Hochseeflotte für Tirol –
so sinnlos is ganz ohne Frag
in unserm Lebn a jeder Tag,
wo ma se net für kurze Zeit
zumindestens aa a bisserl gfreut,
weil jeder woaß, as Lebn werd
durch d' Freud erst richtig lebenswert.

Schongang

Is as Kind scho da?
Lauft er scho?
Redt er scho?
Geht er scho in Kindergarten?
Konn er scho lesn?
Geht er scho in d'Schui?
Hat er scho 's Abitur?
Hat er scho a Freundin?
Is er scho verheirat?
Hat er scho Kinder?
Is er scho in Pension?
Is er scho, hat er scho, konn er scho?
Allerwei *scho*.
Bloß am End zua fragt ma:
Ja lebt der aa *no*?

Vergessenheit

I hab mal a Gedächtnis ghabt,
des war phänomenal.
Auswendig hab i alles gwußt:
a jede Postleitzahl,
den kleanstn Berg von Mexiko,
in Rußland jede Stadt,
Geburtstag, Telefonnummern.
Mei, war i mal auf Draht.
Auf oan Schlag is ois schlechter worn.
Koa Gsicht merk i mia, mei.
Dafür fallt mir als Ausgleich dann
koa Nama aa mehr ei.
Bloß, wenn i nachdenk, konns no sei,
daß i oan Nam' zsammbring,
den oan von dem, wia hoaßt er'n glei,
vom Dings, na, na vom Ding.
's erinnert se a jeder scho
an mi, des is der Mist:
Des is doch der, der allerwei
de meist Zeit alls vergißt!
Zwar hat a schlechts Gedächtnis aa
was Guats, ganz nebenbei.
Wenn ma scho alls vergeßn hat,
erlebt mas ständig neu.
Doch weil i am Vergeßn leid,
drum waar i wirklich froh,
kaant i vergeßn, daß i mir
halt nix mehr merkn ko.

Jetzt bet' i halt zum Schutzpatron
gegn des Vergeßn glei
zum Heilign, oh mei der Dings,
mir fallt er grad net ei.
Da fallt mir ei, mir fallt net ei,
ma kaant mi glatt derschlagn:
Warum steh i jetzt vor euch da,
Was wollt i denn bloß sagn?

Hypochondrie

Kopfweh net wene,
Halsweh, Migräne,
Leberdrücken,
Magenzwicken,
Beschwerden beim Sitzen,
nervöses Schwitzen.
Der Blutdruck z'nieder,
entzundene Glieder.
D'Milz duad weh,
Diarrhö
Gürtelrose,
Paradentose.
Und des net gnua.
Denn jetzt dazua,
moant der Doktor, leid i
no an Hypochondrie.

Diät

Koa Suppn, Vorspeis und dafür
a Selterswasser statt am Bier.
Und wenn ma statt dem Hauptgericht
auf d'Nachspeis und 's Dessert verzicht,
nimmt ma, wia i erforscht grad hab,
sogar beim schönstn Eßn ab.

Die beste Gymnastik

In der Sauna drin sitzen
und a paar Kilo rausschwitzn.
Jedn Abend Abführtee schlucken
und dazua Darmol no verschlucken.
A paar schwere Hanteln nehma
und in der Fruah hundertmal stemma.
Aerobic und Stretching und andre Gymnastik,
bei gar nix kriagt ma so vui Elastik
und werd schnell fit, verliert aa sei Fett,
wenn ma so oft, wias überhaupt geht,
net lang überlegt und gar net lang fackelt,
sondern ganz einfach mit'm Kopf öfter wackelt.
Kopf-Wackel-Gymnastik hoaßt: ja net vergeßn.
Kopf-Schütteln, wenn wer was obiet zum Eßn.

Geduld

Verlernt hama 's Wartn
auf de Blumen im Garten,
auf de Früchte am Baum,
denn Zeit hama kaum.
Mir samma heut heller,
im Treibhaus gehts schneller.
Dabei merkt ma net,
daß manches net geht.
Mia wern uns darenna,
weil ma wartn net kenna.
Am Streß is bloß schuid,
uns fehlt de Geduid.
Drum müaßat ma startn
und wieder as Wartn
's Zeitlassn probiern.
Geduid eitrainiern.
Aber glei auf der Stell
und möglichst ganz schnell!

Versicherungen

I bin versichert gegen alls auf der Welt.
Drum bin i ganz sicher, daß mir nixn mehr fehlt.
Gega alls, was passiern kann, bin i fit wiari glaub,
gega Tod und Teufel, Diebstahl und Raub,
gega Hochwasser, Hagel, Feuer und Brand,
gega Krankheit und Unfall, gega allsam mitnand.
Koa Katastrophe, nix konn mi schockiern,
i bin ja versichert, mir konn nix passiern.
Und bricht se an Hax wer, direkt vor meim Haus,
mei Haftpflichtversicherung, de zahltn scho aus.
Kimmt gar wer ums Lebn, was konn dann scho sei.
I bin ja versichert, drum is nix dabei!
Is des wirklich so?
Wer versichert uns gegen Lieblosigkeit,
gegn Krieg, gegn Feindschaft, Traurigkeit, Leid?
Wer gibt uns wirklich Trost in der Not,
wenn wer stirbt, den ma gern hat,
und beim eigenen Tod?
Weil nix auf der Welt ganz todsicher is,
kimmt Sicherung z'letzt aa net von dera Welt gewiß.

Komisch

Komisch: Fast jeder
erzählt uns von später.
Wia wenn erst dann,
wenn ma ganz groß san,
's Lebn ogangat
und d'Freud dro ofangat.
Des is komisch, find i,
horch i als Kind hi,
warum Große nacha
öfter des macha:
Sitzn s' beinanda,
schimpfn mitnanda
meistens dann de Leut
auf eahna Zeit heut.
Jetzt redn s' dafür na
bloß no von früahra
und fanga mitsamma
vom Kindsei o z'trama
beziehungsweise
Freud' am Heut,
Leut, denkts öfter dro,
wia schnell, daß verdo,
verpaßt ist de Zeit,
wia seltn ma Leut,
de wo ma gern mag,
was Nettes aa sagt,
mit a Aufmerksamkeit,
a kloan, macht a Freud.

Drum denkts, wie gsagt, dro,
daß ma jetz aa scho
mal ans Blumagebn denkt
und am Grab net erst schenkt.

Rückverwandlung

Wenn ma liest:
Torschützenkönig,
Lotto-König,
König der Berge,
Jodler-König,
Ausbrecher-König.
Ganze Mengen Könige, gell!
Heutzutag wurlts grad so von Königen.
Und wenn ma liest,
daß de Frösch
oiwei weniger wern
und womöglich gar aussterbn,
dann muaß ma se fragn,
ob ma net des Märchen
vom Froschkönig umschreibn müaßat,
weils besser waar,
daß se der Frosch net in an König,
sondern der König zu am Frosch
verwandelt.

Dichterkollegen

Hast du dem Vinzenz Loderer scho sei neus Büacherl glesn? ›I sag euch was‹ hoaßts. Besser hätt er's net gsagt. Wenn ma's nämlich genau liest, merkt ma, daß er gar nix zum sagn hat, vor allem scho net bayrisch. I les euch mal was draus vor:

Jahreszeiten
As Fruahjahr is de Zeit wo's blüaht,
wos dir ums Herz ganz anders wird.
Im Sommer liegt ma faul am Strand
in unserm schönen Bayernland.
Mit'm Herbst beginnt vom Jahr der Rest,
da geh ma aufs Oktoberfest.
Jetzt is' dann wieder scho so weit,
daß endlich schneit zur Winterszeit.
Der Niklo kommt und der Advent,
as Christfest, und mia san scho drent,
san drinna in am neuen Jahr,
des grad so bayrisch werd, wias war.

Sag selber. A so a Kaas

Oder:

Mei Vogerl
Fruahjahr oder Sommerzeit
oder Winter, wenn es schneit,
schau i zum meim Fenster naus,
sitzt a schwarze Amsel draus',
schaugt mi o und macht »pie pie«,
und i spann, sie wart auf mi.

Servus sag i, du kloans Luader,
kenn di scho, du mechst dei Fuader.
Und i streu ihr Körndl hi.
Wieder machts »pie pie pie«,
schaugt mi nomal ganz liab o
und dann fliagts ganz schnell davo.
Lustig wink i ihra zua,
weil i woaß, morgn in der Fruah
konn i mi verlaßn, ja,
is mei Vogerl wieder da.

Oder das da:

Mei Hoamatl
Wenn des Morgens in der Fruah
i mei Heimatland dalur,
wenn i durch mei Fenster schau,
siehg den Himme weiß und blau,
kimmt ma scho – i sags grad naus –
a weißblauer Juchzer aus.

... Also woaßt as. Schmarrn laß nach! Und jetzt kemma de altn Witz, de wo er in Gedichtform bracht hat:

Der Loisl kimmt spat in der Nacht
mit am kloan Räuscherl z'Haus.
Sei Oide schimpft aus ihram Bett
den Loisl furchtbar aus.
»Wo bist denn gwen, i hab bis jetzt
koa Aug net zuadoa no?«
»Ja moanst denn ebba i vielleicht?«
sagt darauf ihra Mo.

Oder:

Der Xaver hockt in am Lokal
vor seiner vollen Maß.
Auf oamal reißtsn, denn er siehgt
a Fliagn, wias schwimmt im Glas.
Herr Ober, schreit er ganz empört,
da is a Fliagn im Bier.
Net schlimm, moant der, was trinkt denn scho
a so a kloanes Tier.

Ha! Ha! Ha!

Jetzt sag amal selber. I muaß scho sagn: A solcher Krampf, a boarischer. Wenn der so weiter dicht, brauch ma uns gar nimmer wundern, daß uns Bayern alle für Deppn oschaugn. Und des Schlimmste von dem Vinzenz Loderer is, er is aa no a Plagiator, weil er, wenn i genau hinschaug, des meiste, ohne daß er mi zitiert, einfach frecherweise von mir abgschriebn hat.

Zukunft

»Die Zukunft ist auch nicht mehr das, was sie früher einmal war«, lautet ein lustiger Spruch. Nun war die Zukunft zwar zu allen Zeiten etwas Neues, von der man nicht wußte, was sie bringen werde, aber es gab auch immer wieder den Versuch, in die Zukunft zu schauen beziehungsweise die Zukunft in die Gegenwart hereinzuholen mittels Wahrsagerei, Weissagungen und Prophezeiungen. Heute allerdings leben wir in einer Zeit der Prognosen, und das Wort *Prognose* klingt wissenschaftlicher. Man maßt sich an, die Zukunft immer mehr in den Griff zu bekommen, sie berechnen zu können. Es sei nicht geleugnet, daß es zu allen Zeiten Zukunftsprophezeiungen gegeben hat und daß die Weissager, die schwarzsahen, am ehesten Gehör gefunden haben. Vielleicht einmal abgesehen von der griechischen Seherin Kassandra, deren Katastrophenvoraussage wenig Gehör fand. Aber das war ja bei den Griechen, die bekanntlich ein viel positiveres Verhältnis zum Schönen und Guten hatten, als wir das heute haben. Heute könnte sich diese Schwarzseherin vermutlich vor Stellenangeboten nicht mehr retten. Sie könnte die Schlagzeilen für alle möglichen Boulevardblätter entwerfen und den *Report* im Fernsehen als Chefredakteuse übernehmen, sie wäre eine gefeierte Protestsängerin und würde manchem Fersehstar echte Konkurrenz machen. Zumindest aber würde sie einige Literaturpreise einheimsen. Denn in der Literatur gilt vor allem der etwas, der verkündet, daß die Zukunft eigentlich keine Zukunft hat. Es gehört schon zu den Merkwürdigkeiten unserer Zeit, daß diejenigen, die alles grau in grau malen, die nur Angst und Schrecken auf uns zukommen sehen und dies lauthals verkünden, aus diesem Grunde schon als besonders kritisch beziehungsweise intelligent angesehen werden. So kann man einem Schriftsteller, der es heute zu Ruhm und Ansehen bringen will, nur empfehlen, Wörter wie Hoffnung, Mut, Vertrauen tunlichst zu vermeiden. Da kommt es dann nicht unerwartet, daß zur Zeit die größten Bestseller jene Bücher sind, die düsterste Zukunftsvisionen in Worte fassen.

So ist es eigentlich erstaunlich, daß unsere Jugend, die allenthalben umgeben ist von dem Krächzen solcher Unglücksraben, doch noch relativ optimistisch in die Zukunft schaut. Nach einer Untersuchung wird aber interessanterweise die allgemeine Zukunft zwar (mit Sicherheit aus diesen Unglücksprognosen resultierend) als eher dunkel, die eigene aber durchaus als positiv betrachtet. Nun ist es das gute Recht der Jugend, daß sie so paradoxe Gedanken anstellen darf wie »1995 geht die Welt unter, 1997 mache ich mein Examen, 1998 mache ich dann eine große Reise und dann sehen wir schon weiter«.

Wenn also, wie gesagt, unsere Jugend zwar eine große Fähigkeit zur Katharsis (= Reinigung) von diesen Rauchschwaden der düsteren Zukunftsmalerei besitzt, wäre es dennoch eine wichtige Aufgabe der Pädagogik, durchaus realistisch Gefahren der Zukunft aufzuzeigen, aber auch eine etwas differenziertere Zukunftssicht zu betreiben, als lediglich das Wort *Zukunft* schon als etwas *Negatives* zu sehen und nur *No future* als das zu Erwartende gelten zu lassen. Zu einer gesunden Vorbereitung auf die Zukunft gehört, daß man zunächst einmal auch die Gegenwart als etwas Schönes und Lebenswertes erleben kann, daß man über der ferneren Zukunft nicht die nächste Zukunft aus den Augen verliert, aber auch zu einer gewissen Gelassenheit hin erzieht. Der Satz Ketterlings: »Ich interessiere mich sehr für die Zukunft, denn ich werde den Rest meines Lebens in ihr verbringen«, hat ebenso Berechtigung wie der von J. Steinbeck: »Oft ist die Zukunft schon da, ehe wir ihr gewachsen sind.« Aber auch an Einsteins Wort: »Ich denke niemals an die Zukunft. Sie kommt früh genug«, sollte man hin und wieder denken. Der Christ wird sich vielleicht an den schönen Evangeliumstext erinnern, daß wir uns nicht zu sehr sorgen sollen und mit einer gewissen Gelassenheit auf die Blumen am Feld und die Vögel des Himmels schauen sollen, weil eben die Zukunft, gerade unsere persönliche Zukunft, in Gottes Hand ist. Wie heißt es doch so schön in dem Lied: »Nehmt Abschied Brüder, ungewiß ist alle Wiederkehr... wir ruhen all in Gottes Hand, lebt wohl, auf Wiedersehen.«

Im übrigen sei denen, die zu gutgläubig auf irgendwelche Prognosen oder Prophezeihungen vertrauen, der Satz von Markus M. Ronner mit auf den Weg gegeben: »Prophezeihen ist schwer – vor allem, wenn es um die Zukunft geht.«

Igerl und die Herkunft des Menschen

Angefangen hatte das Ganze – wie so oft – an einem Abend im Volkart-Eck. Sie hatten sich am Stammtisch gerade über die neueste Situation der Bundesliga unterhalten, und der Alfons hatte gemeint, daß der FC Bayern dieses Jahr statt sechs Mittelfeldspielern doch lieber einen knallharten Verteidiger bzw. einen treffsicheren Mittelstürmer, wie einst den Gerd Müller, vor allem aber einen Ersatztorwart hätte verpflichten sollen. Der Zirngibl brachte seine Kritik am TSV 1860 an, indem er meinte: »Was moanst du, was wir jetzt für eine Mannschaft hätten, wenn die alle noch bei uns spielen würden, die wir damals für ein Butterbrot haben laufen lassen?«

Der Pfanzelt Maxe aber saß schon seit ein paar Minuten da und wackelte mit dem Kopf. Jetzt erst fiel es dem Alfons auf: »Was ist denn? Stimmt's vielleicht net, was mir g'sagt ham?« fragte er jetzt. Der Maxe gab keine Antwort. Relativ kurz drauf zahlte er und ging heim, wobei er noch vor sich hin murmelte: »Wo kommt der Mensch bloß her?«

»Was hat er g'sagt?« fragte der etwas schwerhörige Eisenhofer Schorsch den Alfons.

»Ich hab's aa net genau g'hört«, meinte der. »Ich glaub', ich hab g'hört, er hat g'fragt, wo der Mensch herkommt.«

»Ha?« fragte der nochmals zurück.

»Wo der Mensch herkommt, wollt er wissen. Du kennst ihn doch, den Pfanzelt Maxe, heut hat er scheint's wieder seinen Sinnadn g'habt«, antwortete ihm der Igerl Alfons. Irgendwie beschäftigte ihn aber dann diese Frage des Pfanzelt intensiver auf dem Nachhauseweg. Was der Pfanzelt Maxe wohl mit dieser Frage gemeint hatte? Er würde ihn beim nächsten Stammtisch fragen. Aber da fiel ihm ein, daß der Maxe ja jetzt vier Wochen gar nicht zu erreichen wäre, weil er sich doch ab morgen in Kur in Bad Füssing, bei seinem Freund, dem Eckbauer Helmut, befinde.

Bei der Nacht träumte ihm dann, wie so oft, von der Schule, und er hörte ganz deutlich, wie ihn sein Lehrer Löwenik fragte: »Alfons, sag mir, woher kommt der Mensch?« Igerl stand im Traum da, wie ein begossener Pudel, aber es fiel ihm nichts ein. »Setzen, Igerl, fünf«, schimpfte der Lehrer – als der Alfons in der Schule war, gab es nämlich noch keine Sechser.

Als er aufwachte, war sein erster Gedanke wieder diese Frage, woher der Mensch wohl komme, und er schaute sich zunächst einmal ein bißchen in seiner eigenen Hausbibliothek um. Als erstes fiel ihm ein altes Aufklärungswerk in die Hände, das er einmal in späteren Jahren errötend gelesen hatte. Aber das wußte er ja nun eigentlich, wie das war, das mit der Zeugung, dem Eisprung, dem Embryo, den neun Monaten usw. usf. Das war wohl nicht die richtige Antwort, die er sich gewünscht hätte.

Er wollte der Sache auf den Grund gehen, und so vertiefte er sich jetzt in ein biologisches Werk, auf das im Lexikon mit dem Stichwort *Genetik* verwiesen wurde. Mühsam kämpfte er sich durch einige Kapitel und erfuhr wieder, was er schon fast vergessen hatte, wie das mit den X- und Y-Chromosomen ist, den Mendelschen Gesetzen usw. Besonders interessierte ihn, daß dieser Mensch beim Bohnenzüchten auf diese genetischen Fragen gestoßen ist, wo er selbst doch in seinem Heimgarten immer so schöne Bohnen erntete. Aber er hatte bei der Ernte eigentlich nie an Chromosomen und Genetik, sondern schon eher an den guten Bohnensalat, den er daraus machte, gedacht. Auch die Antwort, die er aus diesem Buch bekam, befriedigte ihn nicht ganz, und so ging er der Sache immer weiter auf den Grund, zumindestens versuchte er es.

Zunächst einmal setzte er sich mit den Fragen der Evolution auseinander. Er befaßte sich mit Darwin, holte sich aus der Bibliothek Bücher über die Urmenschen, den Neandertaler, las sich etwas an von dem fehlenden Zwischenglied, dem *Homo sapiens* usw. usf. Dann ging er sogar noch weiter und blätterte in

Büchern herum, in denen er etwas über die Entstehung des Lebens auf unserem Planeten überhaupt erfuhr. Zwischendurch stellte er seine privaten Sinniereien an. »Wenn man sich vorstellt«, so überlegte er, »was sich alles von jenem mysteriösen Urknall an, von dem er jetzt auch gelesen hatte, getan hat. Wie sich unsere Milchstraße, dann unser Sonnensystem mit unserem Planeten Erde entwickelt hat; wie es gekommen ist, daß ausgerechnet auf diesem Planeten Leben entstanden ist. Wie viele Lebewesen inzwischen schon wieder ausgestorben sind und was jetzt übrig geblieben ist, und ausgerechnet ich, beispielsweise«, überlegte er und schaute sich nachdenklich im Spiegel an, »bin so eines dieser Produkte dieses Knalls. Vielleicht kommt es davon«, kicherte er vor sich hin, »daß man bei einigen Leuten sagt: ›Ui, schau dir den an, der hat einen Knall.‹« Wahrscheinlich sind das die letzten Nachwirkungen des Urknalls. Er werde das, merkte er sich vor, bei nächster Gelegenheit einem seiner Freunde hinreiben, wenn dieser gerade einmal seinen Gspinnerten haben sollte.

Auf seiner Suche nach dem, woher der Mensch kommt, stellt er dann auch geschichtliche Überlegungen an und trieb so nebenbei ein wenig Ahnenforschung: Woher die Igerls wohl stammen? Überhaupt, wie das mit den Germanen gewesen ist. Er las über die verschiedenen Thesen der Einwanderungen der Bayern nach, befaßte sich sogar intensiver mit der Bayerischen Geschichte und sinnierte wieder nach, wie es wohl gekommen ist, daß ausgerechnet er, Alfons Igerl, jetzt da sitzt und etwas nachliest. Was wäre wohl passiert, überlegte er sich, wenn beispielsweise bei der Einwanderung irgendein Baiuware ausgerutscht wäre und sich den Fuß gebrochen hätte. Das ist aber nicht passiert, und deswegen konnte er weitermarschieren, und ausgerechnet dieser ist vielleicht mein Ururgroßvater geworden. Oder wie haben sich denn meine Urururahnen kennengelernt? Vielleicht war das bei irgendeinem Zunftfest? Der Alfons spintisierte, wie das gewesen sein mag, als sich damals seine Urururgroßmutter und sein Urururgroßvater bei einem Zunftfest im Mai getroffen hatten, Gefallen aneinander gefunden haben und dann für den nächsten Tag eine Verabredung getroffen hatten. Wie er seinerzeit auf dem Oktoberfest mit der Schmalz Mausi unter der Normaluhr. Aber die Mausi ist viel zu spät gekommen, und er hat nicht gewartet und dann eine Wut gehabt, so ist's nichts geworden mit ihr. Wenn so was damals im Anschluß an dieses Zunftfest auch passiert wäre, überlegte er, wäre ich ja gar nicht auf der Welt. Wie viele solcher Begegnungen mögen wohl stattgefunden haben, daß ausgerechnet ich, der Alfons, das Licht der Welt erblicken hab' dürfen. Er ging mit seinen Gedanken etwas mehr in die Neuzeit hinein. Was wäre wohl passiert, wenn seine Großeltern oder Eltern auch so viel ferngesehen hätten, wie die Leute heutzutage? Sie hätten sich dann vielleicht irgendeinen Sexfilm auf RTLplus angeschaut und wären im Theoretischen oder Visuellen hängengeblieben. Und auch dann wäre es nichts mit mir, dachte er, eigentlich schon ein Glück, daß es so und nicht anders gekommen ist. Denn, wenn er auch manchmal vor sich hingrantelte und auf die Zeit und manches Unerfreuliche schimpfte, im Grunde genommen lebte der Alfons recht gern. Und er war eigentlich recht dankbar, daß sein Leben in dieser langen Geschichte nicht schon bei seinen Vorvorfahren gescheitert ist.

Igerls Gedanken gingen immer weiter. Der eigentlichen Frage, woher der Mensch kommt, war er wohl doch nicht so nahegekommen. Das mit der Evolution befriedigte ihn auch nicht so ganz, denn er überlegte sich, wie das damals genau gewesen sein mag, als der Affe zum Menschen geworden ist. Ob das wohl allmählich passiert oder ob plötzlich etwas ganz anderes geschehen ist? Er erinnerte sich nun auch an seine Religionsstunden und daß der Pater Steck am Sonntag schon ein paarmal in der Predigt erklärt hatte, daß man das natürlich in der Bibel nicht ganz so genau nehmen dürfe und alles mehr oder weniger in Bildern geschrieben sei. Es sei auch, hatte Pater Steck gesagt, gar kein so großer Widerspruch zu dem, was die Naturwissenschaftler sagen.

Igerl las jetzt sogar einmal im Alten Testament in der Genesis die Stelle nach, wie Gott den ersten Menschen, den Adam erschaffen hatte. Plötzlich mußte Alfons wieder kichern, denn ihm fiel ein Spruch von Mark Twain ein: »Gott hat den Menschen erschaffen, weil er vom Affen enttäuscht war. Danach verzichtete er auf weitere Experimente.« Aber wie war denn das wirklich mit dem ersten Menschen? Vielleicht war der Affe, der zuerst einmal gesagt hatte: »Mein Gott, bin ich ein Affe«, weil ihm zum Bewußtsein gekommen war, daß er etwas falsch gemacht hatte, der erste Mensch. Und war nicht auch der Spruch: »Als Gott den Menschen schuf, war er bereits müde; das erklärt manches«, von Mark Twain? Igerl sinnierte weiter. Ist dieser Mensch nun wirklich die Krone der Schöpfung? Irgend jemand, so fiel ihm ein, hat einmal gesagt, wohl eher die *Dornenkrone.* Wenn man an das denkt, was die Menschen schon alles angestellt haben, muß man ihm fast recht geben mit diesem Spruch. Manchmal scheint es so, als sei der Mensch das einzige Lebewesen, das sich für einen Menschen hält. Igerl fand auf seiner Suche nach dem, was der Mensch ist und was ihn von anderen Lebewesen unterscheidet, noch so schöne Sprüche, wie: »Der Mensch ist das einzige Lebewesen, das von sich eine schlechte Meinung hat.« Dieser Satz stammt von Bernhard Shaw. Und schließlich noch einmal von Mark Twain die Aussage: »Der Mensch ist das einzige Tier, das erröten kann oder muß.« Wieder kicherte der Alfons, denn es fiel ihm der Spruch ein: »Des is a Viech mit Haxn.«

Igerls Wissensdurst war aber noch lange nicht gestillt. Er besorgte sich sogar einige philosophische Bücher und las, daß man den Menschen auch als instinktarmes Mängelwesen bezeichnen könne, daß er eigentlich eine Frühgeburt sei und deshalb im Gegensatz zu den Tieren erzogen werden müsse. Aber woher der Mensch nun eigentlich kommt und was er ist, darauf wußte er noch immer keine genaue Antwort. Vielleicht wußten es die Dichter? Er las das schöne Gedicht von Mathias Claudius: »Empfangen und genähret vom Weibe wunderbar, kömmt er und sieht und höret und nimmt des Trugs nicht wahr.« Und am Schluß heißt es doch dann: »... und alles dieses währet, wenn's hochkommt 80 Jahr. Dann legt er sich zu seinen Vätern nieder, und er kömmt nimmer wieder.«

Besonders beschäftigte Alfons aber immer die Frage, wo nicht nur der Mensch, sondern wo er selbst herkomme. Ja, er wußte es schon, von seinen Eltern, das ist ja wohl klar, von seinem Vater, dem Franz Xaver Igerl, und von seiner Mutter, Maria Anna Igerl. Die Namen seiner Großeltern wußte er auch noch. Aber war damit schon die Frage nach seiner Herkunft beantwortet? Wo war er denn, als sich seine Eltern noch nicht einmal getroffen hatten. Als Kind hatte man ihm auf die Frage immer gesagt: »In Abrahams Hans-Wurscht-Kessel.« Interessant, überlegte er sich, daß schon die Kinder diese Frage beschäftigt. Und was wäre wohl passiert, wenn Franz Xaver Igerl vielleicht eine andere geheiratet hätte als die Maria Anna, oder die Maria Anna einen anderen? Liefe er dann bloß als halbes Ich herum oder wäre ein anderer an seiner Stelle? Wer dann wohl am Stammtisch säße, überlegte er nicht sehr tiefschürfend, oder wer beim Schafkopfen der vierte Mann wäre? Hoffentlich nicht Wolfgang Irrgang, der macht ja schon beim Zuschauen Fehler, fiel ihm ein. Irgendwo hatte er einmal gelesen, daß ein gewisser Platon angenommen habe, jeder Mensch existiere seit Ewigkeit als Idee und schlüpfe dann lediglich in einen Körper, wenn man geboren bzw. gezeugt werde.

Dann tät mich interessieren, überlegt er, wer die Idee ghabt hat, daß ich, Alfons Igerl, ausgerechnet in der Volkartstraße geboren werden solle. Ob das jetzt wohl eine ganz normale oder eine recht ausgefallene Idee war? Irgendwann beschäftigte er sich sogar mit der Reinkarnation, der Lehre von der Wiedergeburt, das, was die Hinduisten glauben und jetzt auch viele bei uns, wie er letzthin in der Zeitung gelesen hatte.

Manche könnten sich sogar ganz genau an frühere Ereignisse in ihrem vorhergehenden oder vorvorhergehenden Leben erinnern. Aber auch diese Frage führt ja immer weiter, überlegte er sich, denn irgendeinmal muß es ja auch einen Ur-Igerl gegeben haben, und von wem kommt der dann her? Außerdem glaubt man ja in manchen Religionen, daß man nicht nur als Mensch gelebt habe, sondern vielleicht sogar als Tier, oder daß man gar als eine Pflanze irgendwo geblüht habe. Als urzeitlicher Schachtelhalm vielleicht. Bloß, ob ich das auch war, wenn ich nicht weiß, daß ich das gewesen bin, sinnierte er. Wenn ich schon einmal gelebt habe und nicht weiß, daß ich das war, und wenn ich irgendwann einmal wieder leben werde und auch nicht weiß, daß ich das sein werde, ob mir das dann persönlich was bringt oder ob's nicht wurscht ist, ob dann gleich jemand anderer für mich auf die Welt kommt. Beim Durchblättern eines Kalenders fiel ihm das Gedicht in die Hand:

Ich bin und weiß nicht wer.
Ich komm, weiß nicht woher.
Ich leb, weiß nicht wie lang.
Ich sterb und weiß nicht wann.
Ich fahr, weiß nicht wohin,
mich wundert, daß ich so fröhlich bin.

Lange Zeit grübelte er über diesen Spruch, dann sagte er ein ganz schlichtes: Stimmt eigentlich. Und er erinnerte sich an einiges, was ihm sein alter Religionslehrer Hermann Schneller immer wieder erzählt hatte. Daß halt immer im menschlichen Leben ein paar Fragezeichen stehen bleiben müßten, vor allem aber die ganz großen Fragezeichen am Anfang und am Ende, auch wenn man sich den Kopf noch so zerbricht. Der schöne Spruch des alten Sokrates fiel ihm ein, der gesagt hatte, daß er nur eines sicher wisse, daß er nichts wisse. Und auch der Satz von unserem Dichterfürsten Goethe, den sie damals in unser Religionsheft geschrieben hatten: »Der Glaube ist nicht der Anfang, sondern das Ende allen Wissens.«

Es reute den Alfons aber nicht, daß er sich so intensiv mit all diesen Fragen beschäftigt hatte. Das verdankte er eigentlich jener so gescheiten Frage des Pfanzelt Maxe, überlegte er. Irgendwie ist hinter dem Maxe doch mehr als die meisten vermuten. Er hatte ihm also offensichtlich doch manchmal unrecht getan, wenn er ihn immer wieder als bloßen Hallodri eintaxiert hatte. Jetzt freute er sich schon, daß er mit dem Maxe einmal in einer ruhigen Stunde einen Erfahrungsaustausch über diese tiefgründige Frage, die Urfrage des Menschen schlechthin, starten könne. Und er sah sich und den Maxe schon bei einem einsamen Spaziergang im Herbst, wenn die Blätter fallen und man ohnehin nachdenklicher wird, möglicherweise sogar im südlichen Friedhof, miteinander reden. Heut abend wollt' er ihm den Vorschlag machen.

Der Maxe war tatsächlich von seiner Kur wieder zurück, und Igerl ging gleich auf ihn zu. »Du Maxe«, begrüßte er ihn, »ich hab fei viel über die Frage nachgedacht, die du uns zum Abschluß gestellt hast.«

»Was für eine Frage?« wollte Maxe wissen.

»Ja, weißt du das nicht mehr? Bei unserem letzten Stammtisch, bevor du dann in die Kur nach Füssing gefahren bist.«

»Ich kann mich an nichts mehr erinnern«, antwortete Maxe kopfschüttelnd. »Hilf mir doch ein bissl drauf.«

»Ja, weißt du's nicht mehr?« memorierte der Alfons, »ich glaub, wir haben uns über Fußball unterhalten, und du warst ganz geistesabwesend und hast immer nur gesagt, ›woher kommt bloß der Mensch?‹«

»Ah, ja, jetzt weiß ich es wieder«, strahlte der Pfanzelt Maxe, »jetzt weiß ich es sogar ganz genau. Wir haben doch damals über den Gerd Müller gesprochen, und mir ist es an dem Abend ums Verrecken nicht eingefallen, woher er gekommen ist, bevor er beim FC Bayern Torschützenkönig wurde. Inzwischen weiß ich's aber wieder ganz genau, vom TSV Nördlingen ist er gekommen. Stimmt doch, oder?«

Ja sowas

Was dadn jetzt Sie sagn, wenn oaner mit am Taucheranzug auf Zugspitz aufesteigt oder wenn a Karawane mit Schistiefel und Lodngwand durch de Wüste Sahara marschiert? Oder, haha, wenn se Südtirol a Hochseeflotte zualegn daad, oder wenn in Bayern a Berliner an Lehrstuhl für Bayrische Literatur kriagat. Halt, des is koa guats Beispui, des gibt's tatsächlich, aa wenn mas net glaubn konn. Aber trotzdem gibt's Sachan, de wo's eigentlich gar net gibt. Da wo ma bloß sagn konn: Paradox. Wollns' a Beispui hörn? Jeder woaß ganz genau, daß' nix Gsünders gibt, wia wenn ma se freut. Nix is eigentlich besser und fördert unser Wohlbefinden an Leib und Seele mehr wia d'Freud. Aber, samma amal ganz ehrlich, was tut der Mensch? Er übersiehgt die vielen Freuden, de wos auf unserem Lebensweg jeden Tag zu sehn gaab und... ärgert sich liaber. Manchmal hat man sogar den Eindruck, daß se oa a Suppn bloß deswegn bestelln, damit s' a Haar drin entdeckn. Mei, werd jetzt oaner sagn, es gibt halt leider sovui, wo ma se ärgern muaß. Ich gib ja gern zu, daß net alles so erfreulich auf unserer Welt is, aber vielleicht kommt des Unerfreuliche oft auch bloß daher, daß man sich gar net um die Freude bemüht. Was machen de Leut? Aufwachn s' schon mit dem Gedanken, daß wieder ein beschwerlicher Tag vor ihnen liegt. Statt daß sie sich freuen, daß ihnen 24 Stunden Leben geschenkt worden sind. Und bei den 1440 Minuten werdn doch ein paar dabei sein, wo man sich von Herzen freuen kann oder noch genauso gut ein bisserl Freude machen könnt'. Im übrigen haben S' des schon ausprobiert: Man kann auch mit Freude ansteckend wirken. Ein gewisser Pascal hat einmal gsagt: Der Mensch ist für die Freude geboren. Besser hätt' er gsagt: Der Mensch *waar* für die Freude geboren. Ja, die Menschen sind schon merkwürdige Wesen. Also i sag's Eahna ganz ehrlich, je mehr i da drüber nachdenk, desto mehra muaß i mi ärgern.

Habn S' mi?

MAY
92

Karl May

Ich weiß noch ganz genau, wie er ausgeschaut hat. Eines Tages brachte ihn meine Mutter aus der Pfarrbibliothek mit und meinte zu meinem Vater: »Ich hab nichts anderes gekriegt heute. Meinst', daß das schon was ist für unseren Helmut?«

Im Lande des Mahdi, Erster Band, stand drauf, und abends hat uns mein Vater dann vorgelesen, vom Kara Ben Nemsi und dem angeberischen Selim, von den Sklavenhändlern, von der abenteuerlichen Fahrt auf dem Nil und den Gefahren. Mein Gott, war das spannend. Jeden Abend habe ich mich darauf gefreut, und dann war das Buch auch schon zu Ende. Die Geschichte aber noch nicht, denn die ging ja im zweiten Band weiter. Meine Mutter lief am nächsten Tag wieder zur Bibliothek, aber der zweite Band war ausgeliehen. Er war lange Zeit ausgeliehen. Als sie ihn dann eines Tages daherbrachte, war es für mich schöner als das schönste Weihnachtsgeschenk. Bald habe ich dann auch die ersten Bücher selbst gelesen. Natürlich auch die Bücher aus dem Wilden Westen, vom mutigen Old Shatterhand, Old Firehand und dem edlen Winnetou, dem lustigen Sam Hawkins usw. Am meisten Spaß hat mir aber der blaurote Methusalem, der in China spielt, gemacht. Ein Buch habe ich allerdings nie gelesen, das habe ich nicht übers Herz gebracht: Winnetou III, denn von diesem wußte ich, daß der große Held meiner Kinder- und ersten Jugendjahre sterben würde.

Ich finde es wirklich schade, daß Karl May bei den Jugendlichen etwas aus der Mode gekommen ist.

Einiges haben sicher wieder einmal siebengescheite Pädagogen, Psychologen und sogenannte Literaten beigetragen, die die Romane Karl Mays als Trivialliteratur abgetan beziehungsweise alle möglichen Deutungsversuche unternommen haben. Es ist schon einmal ein rechtes Kreuz, daß bei uns immer wieder alles tiefenpsychologisch, soziologisch usw. gedeutet und anschließend noch textkritisch interpretiert werden muß. Das ist wohl notwendig, weil sonst eine ganze *Gelehrtenmannschaft* arbeitslos werden würde.

Für mich ist Karl May nach wie vor eine harmonische Fortsetzung derjenigen Märchen und Geschichten, in denen der junge Mensch – zugegebenermaßen in einer gewissen Schwarzweißmalerei – unterscheiden lernt zwischen Gut und Böse, wo er auch noch eine positive Weltsicht mitbekommt und die Hoffnung, daß sich das Gute doch lohnt, und das Böse bestraft wird. Auch wenn es im späteren Leben nicht immer ganz genauso läuft, ist mir doch lieber, die jungen Leute treten mit einer solchen Einstellung dem Leben gegenüber als mit einer, die die sogenannte Emanzipationspädagogik erzeugen wollte, indem sie den jungen Menschen zunächst einmal alles madig machte. Eine Zeitlang hat man Karl May auch abgelehnt, weil er manchen Literaten zu viel Phantasie hatte. Aber wahrscheinlich ist es der Neid dieser Leute, weil sie weniger Phantasie besitzen als die Schaufenstergestalter eines Supermarktes. So wird dann in ganz frühen Jahren eine Aufklärungsschrift gelesen, wie beispielsweise *Wir Kinder vom Bahnhof Zoo*. Ein rauschgiftsüchtiges Mädchen wird so nebenbei als leidende Heldin hochgespielt, und man erkennt dann relativ spät, daß man schlafende Hunde geweckt und das Interesse an der Droge erst angefacht hat. Der edle Winnetou mit seinem Gefühl für Gerechtigkeit, Freundschaft, Treue und Tierliebe ist mir allemal lieber als die merkwürdigen Gestalten, die als sogenannte Helden in manchen Kinder- und Jugendfilmen aufgebaut werden, bei denen Hinterhältigkeit, Schadenfreude, Gewinnsucht und Gewalt im Vordergrund stehen, ganz zu schweigen von jener merkwürdigen Musikszene, über deren Starrummel Süchte und Negativhaltungen ständig verharmlost werden.

Ein wenig Freude an Karl May wurde und wird den Kindern meines Erachtens auch durch die Karl-May-Filme und Kassetten genommen. Mein Gott, war ich enttäuscht, als ich den ersten Karl-May-Film gesehen habe. Da waren zwar noch die durchaus symphatischen Darsteller Lex Barker und Pierre Price, aber wie banal wurde manches verkürzt, wurden Köstlichkeiten weggelassen, wie viele Unsinnigkeiten hereingebracht. Da wird wie in einem müden Abglanz von Italowestern nur mehr geschossen, geprügelt und in die Luft gesprengt. Welche Vorteile hat doch einem solchen Film gegenüber das Lesen, bei dem man sich die Gestalten noch selbst ausmalt, sie selbst lebendig macht und noch selbst mit ihnen ins Gespräch kommt. Wie selbstverständlich wurde bei Karl May noch christliches Glaubensgut verkündet. Damals sagte ich stolz bei einer Nikolausfeier als kleiner Bub die schönen Verse aus dem Band *Weihnacht* auf. Und wie interessant waren doch letztlich, auch wenn man sie manchmal überblättert hat, die kulturellen und geographischen Anmerkungen, nicht zuletzt aber auch die weltanschaulichen und religiösen Auseinandersetzungen. Ob es nicht doch einmal wieder zu einer Karl-May-Renaissance kommt? Mein Sohn hat ihn jetzt, ein paar Jahre später als ich seinerzeit, mit großer Freude wiederentdeckt.

Was mich betrifft, so habe ich mir schon die ganzen Bände zurechtgelegt. Nach meiner Pensionierung werde ich sie alle noch einmal lesen, und dazu werde ich mir die Postkarte betrachten, die ich durch einen glücklichen Zufall von einem Bekannten Karl Mays bekommen habe, eine Karte, die dieser von den Niagara Fällen nach Deutschland geschickt hat. Sollte die Zeit der Pensionierung nicht ausreichen, so hoffe ich, daß es in den ewigen Jagdgründen eine Bibliothek gibt, bei der ich dann nicht so lange auf den zweiten Band vom *Lande des Mahdi* warten muß. Aber eigentlich ist es ja dann gleich, denn dann habe ich ja Zeit, eine ganze Ewigkeit lang.

Vom Schiafgeh

Is ihnen des aa scho passiert? Immer, wenn 's amal bsonders pressiert, kommt was dazwischn. Da kauft ma zum Beispui was ei. Oh je, a lange Schlange vor der Kasse. Ma sucht sich die kürzere aus: Schau, da geht's mit Abstand no am schnellstn. Aber genau in dem Augenblick, in dem man sich in der Reihe anstellt, geht's plötzlich nicht mehr weiter. Eine Kundin hat einen Artikel gekauft, von dem die Kassiererin keinen Preis weiß. Sie muß bis in die hinterste Reihe marschieren. Gell, des kennen s'! Da gibt es dann ein todsicheres Mittel, um diese Reihe wieder anzukurbeln. Man muß nur in die Nachbarreihe wechseln, in der es gerade ganz besonders schnell gegangen ist. Kaum ist man da drinnen, geht 's in der Reihe, in der man gerade noch war, plötzlich wie gschmiert. Dafür passiert jetzt in der neuen etwas. Die Rolle in der Kasse ist leer und muß ausgewechselt werden, oder eine Kundin bringt einen Tausender, der Wechselschwierigkeiten bereitet. Das gleiche ist es beim Autofahren. Auch da ist die Reihe, in der man ist, immer die langsamste.

Bestimmt haben Sie auch die Erfahrung gemacht, daß, wenn man es besonders eilig hat, gerade dann die Ampeln alle auf Rot schalten. Oder daß man immer, wenn man eine neue Krawatte anhat, an Fleck von der Suppe oder vom Eis hinbringt, daß ein Butterbrot immer mit der Butterseite auf den Teppich fällt. Es ist schon ein Kreuz. Ein richtiges Gesetz scheint das zu sein, daß, was schiefgehn kann, schiefgeht. Wia hat der oane gsagt: Wo i bin, is nix, und überall konn i net sei.

Neulich is' ma wieder amal so ganga. Aber da hab i plötzlich nachdenkt. Da kann ja eigentlich was net ganz stimma. Schon zwengs der Wahrscheinlichkeitsrechnung net. Und dann bin i auf a wirklichs Gesetz gstoßn. Is des net so, daß mia meistns bloß bemerkn, wenn was net stimmt, wenn was net klappt. Wett ma, daß mia, Sie und i, mindestens an genauso vui grüne wia rote Ampeln vorbeikommen sind. Und daß ma x-Mal in der Reih drinna warn, in der wo's sogar schneller gangen is. Komisch gell, daß ma weniger spannt, wenn was guat geht, aber wenn was danebn geht, des fallt uns glei auf. Ändern werd se des sicher net ganz lassen, aber vielleicht sollt ma doch a bisserl mehr aufpassen auf des, was man sonst bloß als selbstverständlich anschaut, auf des, was ma jeden Tag aa an Guatm und Schöna sehn und erlebn kann.

Scho aus dem Grund, weil des vui gsünder is, wenn ma se gfreut, wia wenn ma se ärgert.

Habn s' mi?

Die Heilung

»Also, wenn ich den jetzt wieder net rein bring, dann weiß ich auch nicht mehr, was mit mir los ist«, rief der Pfanzelt Maxe, der bei seiner Montags-Kickerrunde in der Halle einen Siebenmeter trat. Die Montags-Kicker spielten immer noch nach der alten Bubenregel: Drei Ecke, ein Elfer. Der Schuß, falls man den Roller als einen solchen überhaupt bezeichnen konnte, ging aber weit am Tor vorbei. »Irgend etwas stimmt mit mir nicht mehr«, grübelte Maxe dann laut vor seinen Freunden beim anschließenden Frühschoppen im Hofbräuhaus-Stüberl. »Früher hätte ich die Chancen, die ich heute gehabt habe, blind verwandelt. Heut braucht der Torwart, der Karli Pfab, net amal mehr hinzulangen, und die wenigen Bälle, die ich aufs Tor bring, fängt er mit seinem Kapperl ab.« Seine Mannschaftskameraden konnten ihm nicht widersprechen. Denn es stimmte schon, der Pfanzelt Maxe war früher in jedem Spiel für mehrere Tore gut gewesen. »Älter bist halt wordn«, spöttelte der Gusti hämisch. »Du vielleicht nicht«, gab der Maxe zurück, »hast du denn daheim keinen Spiegel? Wennst du so alt werdn willst, wiest jetzt schon ausschaust, mußt noch lang leben, das sag i dir.«

Gesundheitlich und konditionell fühlte sich der Pfanzelt Maxe zur Zeit geradezu bestens, denn er hatte gerade eine Kur in Bad Füssing hinter sich gebracht, und diese hatte bewirkt, daß er die Stellen, wo's ihn vorher furchtbar gezwickt hatte, plötzlich gar nicht mehr spürte. Konditionell war er zur Zeit auch gut drauf, denn er hatte sich in Füssing angewohnt, wieder wie früher, jeden Tag seinen Dauerlauf zu machen. Der Pfanzelt Maxe sagte noch immer *Dauerlauf* und nicht *Jogging*. Was konnte also nur der Grund sein, daß er seit geraumer Zeit das Tor nicht mehr traf? »Also, wennst mich fragst, Maxe«,

hänselte ihn jetzt der Schiermeier Eugen, »für mich hat das psychologische Gründe.« – »Ich an deiner Stelle ging zu einem Psychotherapeuten, die Kosten dafür zahlt die Mannschaftskasse«, lachte er. »Ich wüßt dir einen guten Psychologen«, fuhr er fort, »der hat einem guten Spezi von mir auch geholfen.« – »Warum, wo hat's denn dem gfehlt«, wollte der Franz wissen. »Ja, das war ein ganz schlimmer Fall«, klärte ihn Eugen auf. »Der hatte immer Stimmen gehört, aber niemand gesehen.« – »Ja und was hat dann der Psycholog' festgestellt?« wollte der Franz wissen.

»Ganz einfach«, kicherte der Eugen, »er hat rausgefunden, daß das immer nur der Fall war, wenn er telefoniert hat, hahaha.«

»Das muß aber ein guter Mann sein, der so was gleich kennt«, witzelte jetzt der Willy, »der könnte sicher meinem Freund auch helfen.« – »Ja was fehlt ihm denn?« erkundigte sich der Kurt. »Bei dem ist es sehr schlimm! Der gibt sein ganzes Geld für Schallplatten aus«, erklärte ihm Willy. »Ja und, der wird halt ein Musikliebhaber sein, da gibts viele davon«, meinte Eugen. »Unsinn, mein Freund versteht von Musik überhaupt nichts, ja er lehnt sie geradezu ab«, erklärte ihm Willi. »Das kapier' ich aber jetzt nicht. Warum kauft er dann die teuren Schallplatten?« fragte der Maxe. »Das ist's ja eben«, klärte ihn Willy auf. »Mein Freund sammelt nur die netten kleinen Löcher in der Mitte von den Schallplatten, hahaha.«

»Ich nix halten von Psycholog'«, mischte sich da der Tschik ein. »Ich auch schon gewesen bei solchen Mann, weil ich meinen, könnte helfen dieser, wo ich doch immer habe so viel Hunger und ich eben viel zu gerne essen.« – »Ja und, was hat dir denn der Psychologe geraten?« wollte der Sepp wissen. »Ich nur einmal dort gewesen, erstes und letztes Mal, kein guter Mann, hat mir während der ganzen ersten Sitzung gar nichts angeboten zum Essen.«

»Probleme habt ihr«, raunzte da der Torwart Karl Pfab, »da müßt ich doch glatt auch zum Psychologen gehen, weil ich schon seit 70 Jahren immer denselben Traum hab: Ich bin der Zamora und steh bei einem Länderspiel im Tor.« – »Was du träumst seit 70 Jahren immer nur dasselbe?« – lachte der Fackler Alfred. »Sag einmal Karl, hast du noch nie was anderes geträumt, z. B. von hübschen Mädchen und so?« – »Ich werd mich hüten«, herrschte ihn der Karl an, »was meinst du, was da los wäre, wenn ich von Mädchen träume und in der Zeit schießen die anderen dann ein Tor.« – »Also da geht's mir schon anders«, jammerte der Wiggerl »ich träum schlimmerweise immer von einem wunderschönen Mädchen.« – »Also du bist gut«, lachte der Alfred, »das ist doch kein schlimmer Traum.« – »Doch, doch, bei mir schon«, beteuerte der Wiggerl, »mir träumt nämlich, daß sich das schöne Mädchen und meine Frau um mich raufen und am End' gewinnt immer meine Theres.« – »Also, da kenn' ich auch einen seltsamen Fall«, äußerte sich jetzt der Eckart, »ein guter Bekannter, der hat schon als ganz junger Kerl, jedesmal wenn er hat niesen müssen, erotische Zwangsvorstellungen bekommen. Aber bei dem ist alles gut ausgegangen, der hat auf das hin zu schnupfen angefangen und hat gerade die deutsche Meisterschaft im Schnupfen gewonnen, hahaha.«

»Also ich halt von den Psychotherapeuten und Psychiatern grundsätzlich gar nichts«, meldete sich jetzt der Fritz zu Wort, der bis dato geschwiegen hatte. »Stellt euch vor, was da vor einiger Zeit bei uns in der Nähe passiert ist. Da hat die Frau Siebenzahn bei uns vorn an der Ecke gewohnt, und die hat sich immer eingebildet, daß ein Krokodil unter ihrem Bett ist. Das hat sie überall herum erzählt, und schließlich hat man ihr geraten, zu einem Dr. Jokisch zu gehen. Zu dem ist sie dann auch hingegangen und hat ihm das erzählt. Der hat gemeint: Da müssen sie jeden Abend vor ihrem Bett fünf Minuten stehen bleiben und sagen: ›Unter meinem Bett liegt kein Krokodil.

Unter meinem Bett liegt kein Krokodil.‹ Das hat sie dann auch getan, aber nach einer Woche ist sie wieder zurück zum Jokisch und hat gesagt: ›Ich glaub, unter meinem Bett ist doch ein Krokodil.‹ Da hat der gemeint: ›Stelln Sie sich jetzt einfach amal zehn Minuten vor ihr Bett abends hin und sagen: Unter meinem Bett ist kein Krokodil. Unter meinem Bett ist kein Krokodil! Und dann kommen sie in einer Woche, und ich schau nach, ob es nicht schon besser geworden ist.« Als sie nach einer Woche nicht gekommen ist und auch nicht nach zwei Wochen, ist der Jokisch in das Haus gegangen, wo die Frau Siebenzahn ihre Adresse angegeben hat. Und er hat bei ihr geläutet, es hat sich aber niemand gerührt. Schließlich ist er dann zum Hausmeister gegangen und hat ihn gefragt: ›Bei ihnen wohnt doch eine Frau Siebenzahn?‹ ›Hat dort gewohnt‹, hat der Hausmeister geantwortet. ›Bis vor kurzem, bevor sie das Krokodil, das unter ihrem Bett war, gefressen hat.‹«

»A solcher Schmarrn«, meinen nun Werner und Stopse wie aus einem Munde. Das war das Stichwort für den nimmersatten Tschik, der sich gleich einen Kaiserschmarrn bestellte, und damit war man zu einem anderen Thema übergegangen.

Für den Pfanzelt Maxe waren aber die Probleme damit noch nicht aus der Welt geschafft. Irgend etwas war bei dem, wenn auch wirklich nicht immer ernst gemeinten Gerede über die Psychologie und die Psychotherapeuten doch bei ihm hängengeblieben. Und Maxe überlegte sich wohl insgeheim, ob er über seiner auch im Pensionistenalter noch recht regen Leibesertüchtigung mit Morgengymnastik und Dauerlauf nicht seine Psyche doch etwas vernachlässigt habe. Und so begann er, ohne daß er es wollte, bei allen möglichen Gelegenheiten in sich hineinzuhören und über sich beziehungsweise seinen Innenzustand nachzudenken. Er würde doch nicht irgendwelche Komplexe haben, von denen er bis dato nichts gewußt

hatte? So begann er nun, über manches, was er bisher einfach selbstverständlich getan hatte, plötzlich nachzudenken. Und wenn man ihn früher, ohne darauf eine Antwort zu erwarten, mit den Worten »Servus Maxe, wie geht's?« gegrüßt hatte, nahm er das plötzlich als Frage ernst und begann, seinem Gegenüber, das eigentlich gar nicht damit gerechnet hatte, eine kleine Analyse seines Seelenlebens zu erstellen, die meist mit einem »ja mei« ansetzte. Der Pfanzelt Maxe hatte sich also nun als interessanten Forschungsgegenstand erkannt. Hatte er sich früher über alles mögliche, vor allem natürlich über den FC Bayern mit seinen Spezln unterhalten, wenn er politisiert und über das Fernsehen geschimpft hatte, so fand er nun auf einmal das Gesprächsthema bei sich selber. Kein Wunder, daß das seine Bekannten nicht unbedingt brennend interessierte und sie eher gelangweilt auf andere Themen auswichen.

Da setzte aber nun ein gewisser Teufelskreis an, weil der Pfanzelt Maxe, der nun, was sein *Ego* – diesen Ausdruck hatte er sich beim Studium psychologischer Literatur angeeignet, und er verwendete ihn nun öfter – anbetraf, überempfindlich, sprich hypersensibel geworden war, sah sich immer mehr darin bestätigt, daß er von seiner Mit- und Umwelt kaum Beachtung erfahren würde. Das führte natürlich mit der Zeit dazu, daß er, der einst so ein guter Gesellschafter und allseits beliebter Freund gewesen war, immer unleidlicher wurde und eines Tages seinem alten Spezi, dem Igerl Alfons gestand: »Weißt' Alfons, mit mir wird's immer schlimmer. Früher bin ich mit allen möglichen Leuten gut ausgekommen und hab' sie auch mögen, jetzt find' ich sogar meine alten Freunde allmählich unerträglich, und sogar dich find ich manchmal furchtbar. Den einzigen, den ich noch einigermaßen mag, das bin ich selbst«, fügte er mit bissiger Selbstironie hinzu.

Seine Lebensgewohnheiten änderten sich nun auch immer mehr. Er besorgte sich ein psychologisches Buch nach dem andern und stellte dafür seine sportliche Tätigkeit fast ganz ein. Nicht einmal zu den Montags-Kickern kam er mehr. Als er nach einigen Wochen einmal wieder den Alfons Igerl traf, fragte ihn dieser: »Sag amal, was ist denn mit dir los? Dich sieht man ja überhaupt nicht mehr! Was treibst du denn die ganze Zeit?« – »Selbstanalyse«, meinte jener hochgestochen. »Selbstanalyse. Ich lese seit Wochen hauptsächlich nur noch psychotherapeutische Literatur zum Thema Ich-Findung.« – »Was möchst' denn finden«, fragte ihn der Igerl etwas deplaziert höhnisch. »Was möchst' finden, dich selber? Ja, wennst dich verloren hast, dann müßtest wohl am besten ins Fundbüro gehen. Aber jetzt im Ernst, Maxe, hat dir diese Dingsda, diese Analyse was gebracht? Magst jetzt deine Freund' wieder, und nicht nur dich selber?« – »Das ist es ja«, erwiderte der Maxe niedergeschlagen, »ich hab's noch mehr dick als vorher. Und inzwischen find' ich mich selber auch zum Kotzen.« Das Selbstwertgefühl des guten Maxe war inzwischen immer mehr angeknackst, und er ertappte sich sogar einmal beim Aufzugfahren dabei, daß er zu dem Liftboy sagte: »Sechster Stock, bitte schön, aber bitte nur, wenn's ihnen nichts ausmacht und wenn's kein Umweg für sie ist.«

Unter seiner Daheimhockerei und seiner Selbstanalyse litt natürlich auch seine körperliche Konstitution. Zeichnete ihn früher eine recht gesunde Gesichtsfarbe aus, so wurde er nun immer blasser und blasser, so daß er, wenn er gelegentlich einmal auf einen alten Bekannten traf, dieser häufig ausrief: »Ja was ist denn mit dir los, Maxe? Du schaust ja aus wie d' Henna unterm Schwoaf.« Als der Maxe sich einmal nach dem Bad pudelnackert im Spiegel anschaute, war er richtig schockiert. Seine Blässe war nämlich inzwischen einem noch ungesünder wirkenden Grau gewichen. »So geht das nimmer weiter«, meint er zu sich selbst gewandt, und er tat etwas, was er vor ein paar

Monaten noch als unmöglich angesehen hätte, er ging zu einem Psychiater. Psychiater waren für ihn nämlich früher immer Leute gewesen, die keine Sorgen haben, wenn nur ihre Patienten Sorgen haben. Er schaute im Branchenverzeichnis nach und fand auch sogleich einen gewissen Dr. Dietz-Rüdiger von Hügelein. Zugegebenermaßen war der Maxe, als er endlich die Praxis betrat und Herrn von Hügelein gegenüberstand, noch grauer im Gesicht als vorher schon.

Aber was dann kam, schlug, wie er sich später ausdrückte, doch dem Faß den Boden aus. Als er nämlich auf die Frage Dr. von Hügeleins: »Na, was fehlt uns denn«, seine Selbstanalyse äußerte, daß er vor allem an Minderwertigkeitsgefühlen leide und manchmal den Eindruck habe, von seiner Umwelt nicht mehr als Mitmensch, sondern allenfalls als Gebrauchsgegenstand betrachtet werde, schüttelte der Doktor mißbilligend den Kopf. »Gebrauchsgegenstand, wie kommen Sie denn darauf? Jetzt ziehen Sie sich erst einmal aus, guter Mann.« – »Ganz«, meinte der Maxe etwas schamhaft. »Ja ja, selbstverständlich«, gebot Dr. von Hügelein. Der Doktor zog die Augenbrauen leicht erstaunt nach oben, als der gute Pfanzelt Max in seinem derzeit wirklich erbärmlichen Körperzustand aschgrau vor ihm stand. »Wissen Sie was, Herr Dings, sehen sie die orange Wand dort?« »Ja«, meinte der Maxe, »freilich.« Ihm war schon vorher aufgefallen, daß die Praxis eine orange, eine blaue, violette und eine grüne Wand hatte. »So«, sagte der Doktor nun, »machen Se mal vor dieser orangen Wand eine Brücke! Sie wissen doch, was das ist?« Das wußte der Maxe natürlich aus seiner sportlichen Vergangenheit, und er ging vor der orangen Wand in Brückenstellung. »Gut, gut«, meinte der Doktor jetzt, »und nun dasselbe vor der lila Wand!« Der Maxe führte auch diese Anweisung aus. »Dasselbe vor der blauen Wand«, verlangte der Psychiater und »schließlich noch vor der grünen Wand!« gebot er ihm. Nachdem der Maxe auch dieses getan hatte, fragte er etwas verunsichert Herrn von Hügelein: »Entschuldigen Sie bittschön Herr Doktor, ist das schon der Anfang von Ihrer Therapie?« – »Ne, ne«, antwortete dieser seinem noch immer splitternackten Gegenüber, »ich will mir nur 'ne graue Ledercouch kaufen und wollte sehen, für welche Wand die am besten paßt.« Da platzte aber dem Pfanzelt Maxe endlich und Gott sei Dank der Kragen. Kopfschüttelnd und leise über den g'spinnerten Psychopathen vor sich hinschimpfend verließ er die Praxis. Und während er auf dem Nachhauseweg im leichten Trab endlich wieder einmal vernünftig dachte, kam er zu der Einsicht, daß er wohl selbst an dem ganzen Dilemma schuld sei.

Irgendwie, überlegte er, ist es mir wohl so gegangen wie einem Tausendfüßler, der plötzlich darüber nachdenkt, mit welchem Fuß er zuerst gehen solle, und auf Grund dieser Reflexion so durcheinander kommt, daß er zu stolpern anfängt und überhaupt nicht mehr gehen kann. Mit einem »Ich bin doch vielleicht ein Rindvieh gewesen« schloß er das letzte Kapitel seiner Selbstanalyse endgültig ab. Wahrschein-

lich wär's gescheiter gewesen, ich hätt' mir meine Hühneraugen an meinem rechten Schußbein von einem Fachmann entfernen lassen, statt daß ich selber immer daran herumgedoktert habe. Und gescheite Turnschuh' muß ich mir jetzt auch kaufen. Während dieses pragmatischen Gedankens rollte ihm just in derselben Straße, in der sie als Buben immer Fußball gespielt hatten, ein Ball vor den Fuß, mit dem die zwei Gastarbeiterbuben vom zweiten Stock gerade herumgescheiberlt hatten. In seiner noch immer vorhandenen Wut über sich selbst und in einer plötzlich aufflammenden Erinnerung an ein beliebtes Ziel früherer Straßenspiele, zog er aus und schoß einen unheimlichen Fransen in Richtung Kellerfenster der Volkhartstraße 50. Erschrocken schauten die beiden Buben Osman und Ügil auf die zerborstene Fensterscheibe. Ihr Erschrecken wich aber sofort einem Erstauntsein, als der Pfanzelt Maxe »Tor, Tor« brüllte, einen Freudensprung tat und »Gott sei Dank, jetzt treff' i wieder« jauchzte.

Am Montag brachte er dann den beiden einen Ball mit, auf dem alle Spieler des FC-Bayern unterschrieben hatten. Das war ihm der Spaß wert, denn er hatte vorher bei den Montags-Kickern in der Säbenerstraße zum großen Leidwesen des Pfab Karl sieben Tore erzielt, eines schöner als das andere. »Sieben Tore, und

ausgerechnet vom Maxe, der wo doch seit langer Zeit net amal a Hauswand troffen hat, i glaub, i spinn«, jammerte der Karl. »Du, wennst' wirklich spinnst«, lachte der Maxe noch immer im Vollgefühl seines Triumphes, »wennst' wirklich spinnst, ich wüßt dir einen guten Psychiater, brauchst bloß hinzugehen.« Das tat der Karl aber nicht, sondern er kaufte sich lieber noch eine Halbe und behandelte den Ärger mit seinem alten nicht psychologisch anerkannten, aber dennoch sehr wirksamen Hausmittel: Er schwoabte ihn einfach abe.

Bürokratie

Zwei Männer arbeiten im Schweiße ihres Angesichts am Straßenrand. Der eine gräbt ein Loch von etwa einem Meter Durchmesser und einem Meter Länge. Kaum ist er fertig, kommt der andere, schüttet einen Kübel Wasser hinein und schaufelt das Loch wieder zu. Währenddessen hat der erstere begonnen, erneut ein Loch gleichen Ausmaßes daneben zu schaufeln. Als er fertig ist, kommt der zweite, schüttet wieder Wasser in dasselbe und füllt es mit dem vorher ausgehobenen Erdreich. Ein Passant beobachtet sie eine ganze Weile bei ihrem merkwürdigen Tun, als sie ein Loch ums andere ausheben und wieder zuschaufeln. »Was soll denn das?« fragt er erstaunt. »Was macht ihr denn da für dummes Zeug?« – »Wieso dummes Zeug?« meint der eine. »Wir führen nur unsere Anordnungen durch und pflanzen Bäume. Ursprünglich waren wir nämlich zu dritt. Unser Kollege, der die Bäume eingepflanzt hat, ist aber leider den Einsparungsmaßnahmen zum Opfer gefallen, und so sind wir halt nur noch zu zweit.«

An diese Geschichte fühle ich mich manchmal erinnert, wenn ich von irgendwelchen Unsinnigkeiten der Bürokratie höre. Oligarchie, Aristokratie, welche *Archien* und *Kratien* hat die Menschheit schon erfahren dürfen? Die heute wohl verbreitetste über Diktaturen und Demokratien hinweg ist wohl die Bürokratie. Ich weiß, daß es wohl ohne Verwaltung und Planung nicht mehr oder nur sehr schlecht geht. Problematisch wird's aber dann, wenn man aus der Bürokratie einen Bürokratismus macht, und der einzelne seinen Sinn darin sieht, ohne nachzudenken, als kleines Rädchen in diesem System zu funktionieren. Bürokratien neigen immer dazu, daß sie sich gigantisch vermehren. Deshalb brauchen sie immer mehr Aufgaben und Probleme, die vielleicht keine wären, wenn man sich etwas bescheidener geben würde. Cyril Parkinson hat das sehr schön glossiert, wenn er sagt: »Bürokratie ist die Vervielfältigung von Problemen durch Einstellung weiterer Beamter.« Ist es wirklich nur Nostalgie, wenn man sich fragt, wie es früher nur möglich war, doch auch große Aufgaben ohne einen solchen Riesenapparat zu bewältigen? So ganz falsch ist da der schöne Spruch gar nicht: »Vier werden bezahlt, was drei billiger tun könnten, wenn sie zu zweit wären und einer krank ist.«

Auch wenn man Verwaltung und Planung braucht, sollte man halt ihren Sinn nicht aus den Augen verlieren. Planung darf nicht zur Verplanung werden. Die Entwicklung im Ostblock hat uns in aller Deutlichkeit gezeigt, wohin Planwirtschaft führen kann, wenn man auf den einzelnen keine Rücksicht mehr nimmt, ja, die Sinnfrage überhaupt nicht mehr gestellt werden darf. Über der Planung steht immer wieder die Originalität, die Kreativität und die Phantasie. Wo aber totale Planung ausbricht, muß, um mit Oliver Hassencamp zu sprechen, die Phantasie welken. Schließlich sollte auch die Erkenntnis Fuß fassen, daß man nicht alles planen kann, es im Menschlichen sehr vieles gibt, was sich der Planung entzieht. »Je planmäßiger die Menschen vorgehen«, meint Jürgen Matt, »desto wirksamer trifft sie der Zufall.«

Wer ganz sorgfältig plant, muß also auch das Unplanmäßige mit einplanen. Kann man sich aber gegen eine solche Herrschaftsform der Bürokratie als einzelner überhaupt wehren? Sind wir nicht eben nur Rädchen eines solchen riesigen aufgeblähten Getriebes? Ich glaube, die Bürokratie wäre wesentlich leichter zu ertragen, wenn es nicht so viele Bürokraten gäbe, die, ohne nach dem Menschen zu fragen, ihre Erfüllung in diesem Getriebe sehen und ohne Menschlichkeit und Humor in ihm aufgehen.

Apropos Humor! Der schwäbische heitere Philosoph Willi Reichert hat eine treffende Beschreibung des Bürokraten gegeben, wenn er sagt: »Der Bürokrat ist ein Mensch, der zunächst einmal Schriftstücke in alphabetischer Reihenfolge aussortiert, um sie dann anschließend in den Ofen zu werfen.« Hätte er noch länger gelebt, dann wäre er wahrscheinlich noch zu der Erkenntnis gekommen, »... vorher aber noch Kopien davon zu machen.«

In einer Zeit, in der aufgrund unserer riesigen Bürokratie Baugenehmigungen oft so lange dauern, wie Franz Josef Strauß das einmal ironisch anmerkte, bis die Gebäude schon längst unter Denkmalschutz stehen, kann man in einer Mußestunde einmal das heitere Gedankenexperiment machen, wie lange die eine oder andere geschichtliche Tat wohl gebraucht hätte, wenn sie in unserer heutigen Bürokratie hätte zustandekommen müssen. Noah zum Beispiel wäre sicher nicht von einer Sintflut, sondern auch von einer Papierflut ertränkt worden. Ja, vielleicht ist die Papierflut sogar die Sintflut unserer Zeit. Und deshalb ist wohl auch der gutgemeinte Vorschlag von Glistrup etwas unrealistisch, wenn er meint: »Ein erster

Schritt auf dem Weg zum Abbau der Bürokratie wäre die Anschaffung möglichst unbequemer Bürosessel.« Denn der Verfasser dieses Spruches hat wohl nicht bedacht, wie lange die Anschaffung von Bürosesseln angesichts des Verwaltungsweges und unserer Bürokratie braucht.

DM 180000.-
DM 380000
DM 500000.-
DM 13000
DM 290000.-
DM 4000

Kunst

Also vui versteh i ja net von der Kunst, wissens. Aber wenn ma heutzutag hört, daß ma de Kunst ja eigentlich gar net versteh konn bzw. versteh darf, weil des, was ma versteht, ja eigentlich koa Kunst net is, bin i eigentlich a richtiger Kunstexperte. Selbstverständlich derf oam des aa net gfalln, was Kunst is: Kunst muß schockieren, hab i glesn, aber was oam gfallt, des schockiert oan ja eigentlich net. 's letztemal war i in am solchen modernen Theaterstück. Das muaß ma sagn: Sparsam sans ja, unsere Theaterdirektoren. As Bühnenbuid war'n bloß zwoa Obstkistln und sonst nix. Und aa mit de Schauspieler ham s' gspart. Des war bloß oa oanziger, der hat se oamal auf des oane und dann auf des andere Kistl gsetzt und eigentlich bloß mit se selber gredt. Da is ma des eigfalln, was mei Freund, der Pfanzelt Maxe, oiwei sagt: Am liabstn red i mit mir selber, weil i erstens amal jemand hab, der wo ma net allerweil dazwischen redt und mi ausredn laßt, und zwoatns hab i aa jemand, dem ma selber gern zuhört, weil er was zum sagn hat.

Also verstandn hab i ja nix von dem, was der oane Dings, äh, der zwoa Dings da gsagt habn. Aber des is ja, wia gsagt, des Künstlerische dro an am Kunstwerk. Es gibt aber aa no andere Kunstwerke. Letztmal hab i in a Galerie gseng: Zwölf Stoana warn überanander glegt, ganz einfache Ziaglstoana und drauf is a abgschabter Huat glegn und auf dem Huat drobn is a Plastikbecher voll Margarine oder was gstandn. Richtig granzlt hat 's in der Näh. *Abgesang* hoaßt de Plastik, is im Katalog gstandn. Verstandn hab i s' ja bis heut wieder net, de Kunst. Des hoaßt, eigentlich schon a bisserl, denn dann hab i glesn, daß der Künstler des Kunstwerk für a dreiviertel Million verkauft hat. Und des is doch wirklich a Kunst, oder?

Habn S' mi?

Spiele

Also 's letzte Mal bin i wieder amal in am Spuizeugladn gwesn, weil i für an Neffen was bsorgn wollt. Mei, wennst des siehgst, was da alles anbotn werd! Wenn i da an mei Kindheit denk... Richtig neidisch kannt ma werdn. Am meistn beeindruckt hat mi des ganze technische Spuizeug. Gigantisch, sag i da bloß. Da laufen Eisenbahnen über Tunelle, Über- und Unterführungen, Roboter hüpfen rum, Riesenräder kreisen, alles vollautomatisch. De Kinder habn s' eigentlich schön. De brauchn bloß no auf'n Knopf drücken und alles geht ganz von alloa. Es kann also sozusagen des Spuizeug sich selbst überlassen und was anders doa. Aber was duad dann a Kind in dera Zeit? Spuin halt... Bloß, mit was? Da gibts heutzutag doch de vielen Lernspiele. Da könnan d'Kinder, aa wenn s' no net in der Schui san, scho allerhand lernen: lesen, schreiben und rechnen. Spielend lernen sozusagen. Hoffentlich verlernen de Kinder dabei net as Spuin.

Also am meisten imponiert habn ma de neuen Computer-Spiele. Da Huttinger hat ma neulich erzählt, er hat seine Kinder jetzt oa kauft. Früahra, hat er gsagt, habn s' oiwei umanander gschrian und plärrt beim Spuin. Na hab i mir denkt, hat er gsagt, kaufst' eahna was Gscheits. Und da hab i eahna solche Spiele kauft, da wo ma am Buidschirm auf Safari geh konn: Viecher jagen und Überfälle spuin. Richtig realistisch, hat er gsagt. Überfälle auf Indianer oder Krieg der Sterne, wo se de Einwohner vom Stern Riga mit de modernsten Weltraumwaffen mit de Leut vom

Stern Dimago bekriegn. Bis zur völligen Vernichtung. Oa Spui spannender wia des andere, hat er gsagt. Und du werst lacha, seit de Kinder damit so nett spuin, san s' auf oamal ganz brav. Ja, ja, hat er gsagt, der Huttinger, ma muaß se halt was eifalln laßn um des liebn Friedens willen, gell! Also, es is scho interessant, muaß i Eahna sagn, was ma se heutzutag alls eifalln laßt, damit ma de Kinder ablenkn davon konn, daß se se was zum Spuin eifalln laßn.

Habn S' mi?

Mundart

Auch wenn ich bayerische Gedichte schreibe, bin ich grundsätzlich kein Fachmann für Mundart. Ich habe mich auch, so muß ich zu meiner Schande gestehen, nicht allzuviel mit Mundartforschung befaßt, und bei allem Respekt vor dieser so wichtigen und interessanten Forschung bin ich manchmal geradezu froh, daß ich nicht so viel darüber nachgedacht habe, denn da könnte es mir vor lauter Reflektieren passieren, daß ich nicht mehr so reden und schreiben kann, wie mir gerade ums Herz ist.

Sie kennen ja das Beispiel vom Tausendfüßler, der ohne Schwierigkeiten mit seinen tausend Füßen geht, bis man ihn fragt, wie er das eigentlich macht und mit welchem Fuß er zuerst geht. Dann fängt er an zu stolpern.

Oder wie das manchen Fußballern schon passiert ist, einem echten Torjäger aus Instinkt, dem sein Trainer zuviel Taktik beigebracht hat und der über das Nachdenken dann das Toreschießen völlig verlernt hat.

Ein wenig habe ich natürlich schon über die Mundart nachgedacht. Besonders dann, wenn ich immer gefragt werde, wie man es in der Erziehung damit halten solle, inwieweit sie in der Schule ihren Stellenwert habe. Dabei fällt mir immer jene Situation ein, als ich als junger Lehrer in einer schwäbischen Schulklasse unterrichtete: Bei einem Schulbesuch machte mich mein Seminarleiter ganz dezent und freundlich darauf aufmerksam, daß ich seiner Meinung nach etwas viel Mundart im Unterricht spräche. Mir war das bisher gar nicht so bewußt geworden. Bei seinem nächsten Besuch in meiner Klasse ›riß ich mich etwas mehr zusammen‹. Es ging solange gut, wie ich lediglich unterrichtete. Als dann aber eine Schülerin etwas zu mir sagte und ich eine persönliche Bemerkung machte, also von Mensch zu Mensch sprach, *verfiel* ich automatisch wieder in meine Mundart.

Es ist bekannt, daß man dann, wenn man lange Zeit nicht mehr in der Mundart, in der man aufgewachsen ist, gesprochen hat, in irgendeiner bestimmten existentielleren Situation fast automatisch wieder in dieser Sprache spricht, weil es eben die Sprache des Herzens ist, die nicht über soundsoviele Gehirnwindungen und Reflexionen verläuft. Das bedeutet aber alles andere, als daß das eine primitive Sprache sei. Im Gegenteil! In einer solchen Sprache liegt mehr Ausdruck als in einer recht flachen Hochsprache. Mundart als eine Sprache des Gewachsenseins, der Tradition und Kultur, hat es in unserer Zeit, in der diese Begriffe einen recht niedrigen Stellenwert haben, gar nicht leicht. Manche *bildungsbeflissene* Eltern meinen auch, man verstellte dem Kind Bildungschancen, wenn man nicht gleich zu reinem Hochdeutsch erziehe. Das arme Kind könnte sich nicht richtig ausdrücken und machte dann möglicherweise sogar den einen oder anderen durch die Mundart bedingten Rechtschreibfehler, der sich auf die Deutschnote auswirke und vielleicht schon die Hoffnungen auf die entsprechende Numerus-Clausus-Note beeinträchtige. Abgesehen davon, daß das ein absoluter Unsinn ist und durch viel mehr Forschungsergebnisse widerlegt als belegt worden ist, sind es oft genau die Eltern, die fordern, daß die Kinder mehrsprachig aufwachsen sollen, ohne daß sie darüber nachdenken, daß das Kind zuerst einmal eine Sprache braucht, in der es heimisch werden kann. Unsere Kinder, auch wenn sie nicht von früh an Fremdsprachen lernen, wachsen in unserer Welt automatisch mehrsprachig auf. Da gibt es die Werbesprache, das merkwürdige ›Niemandsland – Deutsch‹ mancher Fernsehsprecher, da gibt es die merkwürdige Grunz – Sprache der Comics, dieses ›umpfpf pengg‹, ›schnatter, schnatter‹ usw. Für manche dürfte es neu sein, zu erfahren, daß unsere bayerischen Grundschullehrpläne der Pflege der Mundart geradezu eine besondere Bedeutung beimessen. Für einen guten Lehrer müßte es doch nicht allzu schwer sein, Mundart und Schriftdeutsch einen entsprechenden Stellenwert beizumessen. Daß sich Mundart auf Schriftdeutsch nicht problematisch auswirkt, sondern geradezu befruchtend sein kann, zeigt das Beispiel vieler bedeutender Schriftsteller und Literaten. Es ist bekannt, daß auch unser Dichterfürst Goethe eine Frankfurter Mundart gesprochen hat, was sich sogar in schriftdeutschen Versen niederschlägt. (Gretchens Gebet: »Ach neige, du Schmerzensreiche...«, wo sich also das hessisch ausgesprochene »neiche« auf »reiche« reimt.)

Ich erinnere mich noch gut an die Vorlesung bei dem bedeutenden Philosophen Max Müller, bei dem in seinen großartigen Vorlesungen immer eine badische Mundart herauszuhören war. Mundart bedeutet ja nicht, daß sie penetrant sein muß, ›krachert‹, wie das leider manchmal einige annehmen. Im übrigen sollte man damit, wie ich meine, im Erzieherischen viel natürlicher verfahren. Selbstverständlich wird eine Lehrerin, die aus einem nichtbayerischen Ort kommt, nicht plötzlich die bayerische Mundart, noch dazu wo wir in den einzelnen Teilen die verschiedensten Ausprägungen haben, beherrschen. In einer Familie wird eine Frau, die aus einem anderen Teil der Bundesrepublik stammt, kaum ihrem Kind ein unverfälschtes Bayerisch beibringen können.

Worum es mir geht, ist etwas ganz anderes: Man sollte, meine ich, sich viel mehr einer natürlichen Sprache befleißigen, keine Scheu haben, zu reden, wie's einem ums Herz ist. Eine solche Sprache könnte der Gefahr einer schlagwortreichen Zeit etwas entgegenwirken, daß man nur noch von Worthülsen erschlagen wird, daß man immer mehr redet und immer weniger aussagt.

Max Dingler schreibt über die bayerische Mundart, daß ihr »eine Anschaulichkeit und Bildkraft zu eigen ist, die diese Mundart zu den schönsten Kulturgütern deutschen Wesens macht.«

Ich nenne nur ein paar Ausdrücke und Bilder (wer will, kann gerade in den Büchern Josef Fendls eine Vielzahl weiterer finden): Jemand mit einem hohen Intelligenzquotienten ist bei uns ›hell auf der Platten‹; jemand, der im Kopf nicht mehr ganz richtig ist, hat ›a Radl zvui‹. Der Lustige ist ›schnackerlfidel‹, der Kräftige ›pumperlgsund und körndlgfuattert‹, ein Vielsprecher ›redt se as Mäu gfransert‹.

Überlegen Sie nur einmal, wie das sterile »sehr« in der bayerischen Mundart bildhaft ersetzt wird: Da heißt es nicht einfach sehr dick, sehr dürr, sehr eben, sehr brav, sehr still, sehr gesund, sondern »zeckerlfett, zaundürr, brettleben, kreuzbrav, mucksmäuserlstaad und pumperlgsund«.

Manchmal möchte man, was die Mundart anbelangt, schon etwas pessimistisch werden. Eine Lehrerin in einer Ur-Münchner-Schule erzählte mir, sie habe eine kleine bayerische Szene unbedingt in diesem Schuljahr aufführen müssen, weil sie nicht wisse, ob im nächsten Jahr in ihrer Klasse überhaupt noch zwei, drei Kinder sind, die der bayerischen Sprache mächtig sind. Einen Hoffnungsschimmer habe ich allerdings seit meinem letzten Urlaub. Da ist es mir nämlich passiert, daß ein junger griechischer Ober, der bei uns aufgewachsen und in seine Heimat zurückgekehrt ist, sich von uns mit einem ›Pfüat euch Gott‹ verabschiedete. So besteht also zumindestens doch noch Aussicht, daß dieser schöne bayerische Abschiedsgruß das entsetzliche *Tschüss* überlebt, wenn schon nicht in Bayern, so doch im Ausland.

Dritte Auflage 1997

Umschlagbild und Illustrationen: Sebastian Schrank, München
Satz: Fotosatz Leingärtner, Nabburg
Lithographie: ColorLine, Verona
Druck und Bindung: EBNER ULM

ISBN: 3-475-52739-1